JN437452

청어詩人選 61

| 유승배 시집 |

가슴에서 피는 꽃

청어

가슴에서 피는 꽃

유승배 지음

발행처 · 도서출판 **청어**
발행인 · 이영철
기 획 · 강보임 | 김홍순
영 업 · 이동호
편 집 · 김영신 | 방세화
디자인 · 오주연
제작부장 · 공병한
인 쇄 · 두리터

등 록 · 1999년 5월 3일(제22-1541호)

1판 1쇄 인쇄 · 2009년 10월 25일
1판 1쇄 발행 · 2009년 11월 5일

주소 · 서울시 서초구 서초동 1588-1 신성빌딩 A동 412호
대표전화 · 586-0477
팩시밀리 · 586-0478

블로그 · http://blog.naver.com/ppi20
E-mail · ppi20@hanmail.net
ISBN · 978-89-93563-54-2 (03810)

이 책의 저작권은 도서출판 청어와 저자에게 있습니다.
양측의 서면 동의 없는 무단 전재 및 복제를 금합니다.

가슴에서 피는 꽃

| 시인의 말 |

사계절 침묵으로 변신하고 있는 거대한 관악산을 바라보고 있노라면
바람 타고 들려오는 자연의 숨소리를 듣게 됩니다.
비에 젖어도 요동치 않는 관악산처럼
오직 문학을 사랑하여 시인의 발자국 아름답게 남기고 싶었으나
뒤돌아보니 흐트러진 족적들뿐입니다.

세월은 참으로 빠른 것 같습니다.
이북식 만두 전문점 '사리원' 의 문을 열고
귀한 고객들을 모신 지도 어느덧 십 년이 되었습니다.
'시작은 미약하였지만 이토록 창대해진 것' 은
사리원을 사랑하고 아껴주시는 존귀한 분들이 계셨기 때문입니다.
어떻게 감사의 말씀을 드려야할지…

고심 끝에 세 번째 시집을 내어놓습니다.
음식을 기다리며 식탁 위에 놓여 있는 한 편 시를 읽으며
저의 문학에 관심을 보여주신 분들께 드리는
개업 십 주년 기념 선물로 좋을 것 같았기 때문입니다.
작품 속에는 개인적으로 보고 느낀 체험과 고뇌와 영혼의 몸부림,
그리고 중년의 삶을 살고 있는 평범한 여자의 독백을 담았습니다.

여러분들과 함께 나누는 것만으로 저는 행복에 젖을 것입니다.

긴 세월 문학의 길을 함께 걷고 있는 문우들에게 고마움을,
부족한 작품에 서문, 서평을 남겨주신 두 분 선생님께
존경을 표합니다.

상도동 사리원에서
유승배

| 서문 |

시의 값에 대하여

이길원 (국제펜클럽 한국본부 이사장)

유승배 시인이 세 번째 시집을 상재한다.

상재하는 시집이 늘어날 때마다 주위에 축하를 받는 것만큼 심적 부담도 커질 것이다. 작품에 대한 평가와 독자들의 시선이 두려워지기 때문이다. 첫 시집보다는 두 번째 시집, 두 번째 시집보다는 세 번째 시집이 더욱 깊은 진리를 함축하고 있다는 평가를 받아야 하기 때문이다.

어떤 시인은 첫 시집의 내용이 오히려 좋은 것을 보게 된다. 상재하는 시집의 횟수가 늘어나고, 시 쓰기를 가볍게 여기다 보면, 안이한 달관주의에 빠져서 시적 언어는 느슨해지고, 시적 어조는 교만하여져서 자멸하기 쉬운 것이 시인의 길, 함정이기도 하다.

진한 화장으로 가렸던
욕망의 흔적들
시원스럽게 벗어던진 목욕탕에서
가공미인들을 본다

그 옛날
이브의 죄목은 유혹
죗값
영원하였던 까닭에

오늘도
무화과 나뭇잎으로 은밀한 곳 가리고
에덴동산 활보하며
풍만한 가슴으로 유혹하고 싶은가보다

벽에 붙은 거울처럼
고정된 젖가슴보다
축 늘어진 가슴들이
더 아름다워 보인다

–「목욕탕에서」 전문

21세기 성형이 유행하는 때, 대중목욕탕을 찾은 시인의 관찰은 예리하다. 그리고 지적은 은근히 날카롭다.

목욕탕에서 벌거벗은 가공미인들을 보면서 씌어진 한 편 시에서 인위적으로 만든 팽팽한 가슴보다 세월 따라 자연스럽게 축 늘어진 가슴들이 더 아름답다고 결론짓고 있다.

여성으로서 미에 대한 의식을 확고하게 드러내면서도 젖가슴을 대조시켜 시적 긴장을 유지하며 고뇌를 노출시키고 있어서 안심이 된다. 가공적인 것보다는 자연적이고 순수한 것을 선호하는 시인의 성품이 진솔하고 아름다운 시에 투영되어 창작의 원천이 되었으면 좋겠다.

누군가
의미 깊은 말 한마디 남기고 간다

음식 기다리며
식탁 위 시를 읽었는데
시의 값을 낸 적은 없어
반값 식사를 한 기분이란다

냉면 한 그릇,
삶의 갈증을 해소할 수 있다면
한 편의 시,
정신적 배고픔 채워줄 수 있으면 좋겠다

시를 읽어주는 눈빛들이 있어
나는 시를 쓴다
아무리 물가가 올라도
시의 값은 없다

—「시의 값」 전문

유승배 시인은 청주 출신으로 나와는 고향이 같다.

상도동에서 '사리원' 이라는 이북식 만두 전문집을 운영하고 있고, 사업이 번창하여 관악구의 명소가 되어 있다.

이 작품의 끝 연에서 시인은 말하기를 "아무리 물가가 올라도/시의 값은 없다"고 단정 짓고 있다. 시인이 경영하는 업소이다보니 고객들에게 여백으로 제공되는 시는 공짜라는 뜻으로 읽혀지지만, 은밀히 말해서 시의 값은 상당하다.

왜냐하면 한 편 시를 읽어서 행복에 젖고, 또 용기를 얻어가는 고객들에게는 돈으로 환산할 수 없는 절대적인 가치를 지니기 때문이다. 냉면이나 만두는 몇 시간이면 위장에서 소화되어버리지만, 좋은 시는 인생의 진로에 수정이나 행보에 변화를 가져다 줄만큼 그 효과는 위력적이기 때문이다.

시의 가치는 돈으로 환산할 수 없다. 무형적인 가치(invisible value)를 지니고 있기 때문에 그래서 공짜이고 거저준다는 시인의 의식은 멋스럽다.

단풍이 붉게 물드는 계절에 시집 상재를 축하하며 내 고향 청주에서도 한국 문단을 빛낼 귀한 시인들이 많이 배출되기를 간절히 원해본다.

c·o·n·t·e·n·t·s

1 바람에게

2 여자는 아름답다

3 가슴에서 피는 꽃

4
고독

5
감사의 조건

• • • • • • 가슴에서 피는 꽃

1
바람에게

여자의 세월 깊어갈수록
그리운 얼굴 스쳐갈수록
영혼의 귀 밝아지더라
온 세상 붉게 물들이고 가는
바람이 전하는 말
가슴속 깊이 전해지더라

가슴에서 피는 꽃

간격

황막한 벌판에서
길을 잃고 헤매던 여자아이를 만났다
급한 연락을 받은 아빠는
삶의 의미를 잃어버린 듯
허수아비 되어
자신을 추스를 힘조차 없어 보인다
사랑과 의무가 실종된
아빠와 어린 딸 사이에는
슬픈 간격이 존재하고 있었다
경찰 순찰차를 타고 사라지기 전
아이의 씁쓸한 미소가
오늘 밤 나를 잠 못 들게 한다

가슴 아팠다
현실에서 존재하는 모든 간격은
슬픔을 수반하고 있으니
공간, 메우기 위해 발버둥쳐야 하리라

가을비

관악산이 젖고 있다
분위기 있게 비가 내리면
유혹의 바람 이끄는 대로
무작정 길 떠나고 싶어진다

장맛비는 석 달 열흘 내려도
아무렇지 않은데
낙엽 붉게 물들이는 비
반나절 내려도 울적해진다

여름 비
산천초목 적시다 가고
가을비
가슴 깊이 적셔오기 때문이다

이 비 그치고 나면
관악산 단풍 들기 전
내 가슴속 푸른 잎들 먼저 물들어
몸살 한번 앓을 것 같다

오늘은 한 편 詩도
비에 젖어 축축하다
가을 비 내리는 날

나뭇잎 종말

푸른 하늘에 매달려
시장 오가는 길 내려다보더니
발아래 뒹굴어 애처롭기만 하다
애처로운 것도 잠시
쓱쓱 쓸어 담은 청소차에 몸을 싣고
이름 모를 화장터로 허무하게 떠나간다
사람이나
나뭇잎이나
하늘에 매달려 있는 시간은 짧다
그 종말은
흙으로 돌아가기 위해 추락하고 있을 뿐이다

고향에 태어나 고향에 묻히다
— 노무현 전 대통령 추모하며

빈곤의 연기 오르던
산골 마을에서 태어나
마애불 곁에 영면(永眠)하는 당신이
부럽습니다

고향의 흙과 나무
임을 기억하여
육신을 누일 수 있는 공간
허용하여 주었기 때문입니다

봉하산 부엉이는 울지 않고
산새들 지저귐 한동안 멎겠지만
임이 외치던 생생한 목소리
영원히 기억할 것입니다

한 점 유골로
황토에 묻히시는 임이여
국가와 민족을 지키는
존귀한 수호신 되시옵소서

만나는 사람마다

오가는 발걸음
만나는 사람마다 표정이 어둡다
나는 그들에게 용기를 주는
밝은 시를 쓰고 싶다
불황의 바람은
뿌리 내리고 서 있는 나무에게는
피해 갈 수 없는 고통이지만
흔들리는 것은 잔가지일 뿐
뿌리는 견딜 수 있는 것이라고
태풍도 지나가면
잔잔한 고요가 찾아오는 것이라고
만나는 사람마다 위로해주고 싶다
내 자신에게도 속삭여주고 싶다

말라버린 꽃

화단 한쪽
바싹 말라버린 꽃
피곤에 지쳐 있는 나에게
말을 건넵니다

향기로운 시절로 되돌아갈 수 없는 것이
동일한 운명이라고 일깨워줍니다
벌떡 일어나
화장품 몇 가지, 수분 공급해보지만
꽃의 말은 진실인 듯
눈가의 주름만 늘어가고 있습니다

사람도
꽃도
인연의 벽에 걸린 채
말라가고 있습니다

산에게 하는 말

단풍이 보고 싶어
가을 산엘 갔더니
인파가 하도 많아
구면인 내 얼굴
산은 기억하지 못하네

삭풍 불고 눈보라칠 때
바람도 능선을 넘지 못해
고독하고
쓸쓸할 때
홀로 너를 찾아
가슴에 품어 주리라

불면의 계절

신선한 바람으로 다가와
잠을 재우지 않는다
서걱거리는 가슴속에
뚜루 뚜루 뚜루루
밤새도록 발신음을 보내기 때문이다
받으면 끊어지고
받으면 끊어지고
또 다시 기다리는 추억의 목소리
뚜루 뚜루 뚜루루
뜬눈으로 새벽을 맞는 가을은
불면의 계절

바람에게

여자의 세월 깊어갈수록
그리운 얼굴 스쳐갈수록
영혼의 귀 밝아지더라

온 세상 붉게 물들이고 가는
바람이 전하는 말
가슴속 깊이 전해지더라

작년에는
할 말 잃어 침묵으로 보냈지만
금년에는 너에게 답을 하리라

시인

마음이 싱숭생숭
와인 한 잔에 얼굴이 발그레하면
시상(詩想)이 떠오른다
마음이 행복하고 풍족할 때는
시를 쓰려고 해도 쓸 수가 없다
시인은 슬플 때 가슴을 찢고
찢어진 가슴 시 한 편으로 봉합한다니
참으로 괴팍한 존재가 시인인 것 같다
그래서 나도 내 자신을 모른다
때로는 풍랑 치는 바다였다가
때로는 잔잔한 호수였다가
웃다가 울고 울다가 웃고
변덕이 죽 끓는다

설날이 다가오면

까치설날 다가오면
앞가슴 조여 오는 통증 느껴진다
눈길 밟으며 뽑아온 가래떡 썰다 말고
귀한 외동딸,
색동저고리 리본 묶으시던 어머니
그때 느껴지던 통증 무엇인지 몰랐지만
멀리 떠나신 후에야
그리움이며 사랑임을 알게 되었다
긴 세월 흐른 섣달 그믐날 밤이면
저고리 매듭 묶는
앞가슴 통증 여전히 느껴지고
그 통증 속에서는
구수한 가래떡 냄새 진동한다

시의 값

누군가
의미 깊은 말 한마디 남기고 간다

음식 기다리며
식탁 위 시를 읽었는데
시의 값을 낸 적은 없어
반값 식사를 한 기분이란다

냉면 한 그릇,
삶의 갈증을 해소할 수 있다면
한 편의 시,
정신적 배고픔 채워줄 수 있으면 좋겠다

시를 읽어주는 눈빛들이 있어
나는 시를 쓴다
아무리 물가가 올라도
시의 값은 없다

오고 가는 것들

이른 아침부터
늦은 시간까지
오고 가는 것은
햇살이고
사람입니다

다가왔다가
잠시 머물렀다가
뒷모습 쓸쓸히 사라져가는 것은
피할 수 없는 아픔
그리움인가 봅니다

하루 종일
오고 가는 사람들 속에
나는 서 있습니다
결국 머무는 것은
바람, 별빛뿐입니다

우연한 깨달음

한 집 안, 두 대의 컴퓨터
유선 컴퓨터는 이상이 없는데
무선 노트북이 장애를 일으켜 사용할 수 없었다

한 집 안, 한 어미의 품에서 고이 자랐어도
축복의 선에 접속되지 못하고
실패하는 아이가 있기 마련인가

대학입시 수능을 앞두고
고장 난 컴퓨터 앞에서
우연히 깨달았다

우츄프라카치아

드라마 조강지처클럽 끝날 때쯤
소설 속에 나오는 꽃 그리워진다
결벽증 강해
마음 준 한 사람 아니면 재채기하는
알레르기 강한 꽃
나도 그런 향기로운 여자로 시들고 싶다

(우츄프라카치아 : 소설 속에 나오는 상상의 식물. 한 번 만진 사람이 아닌 다른 손길이 닿으면 시들어 죽어버린다)

팔순잔치

이 세상 인연 줄 끊기 위한 송별식일까요
칠남매 자식농사 성공한 자축연일까요

큰아들 등에 업힌 어머니는
하나님께 감사의 기도를 올리네요
그 모습 지켜보는 자녀들은
겉으로 웃고 있지만
속으로는 울고 있네요
이미 솜털처럼 가벼워져
두둥실 하늘로 올라갈 홀씨 된 내 어머니
업어보지 않아도 알기 때문이겠지요

축하객들은 웃고 있지만
어머니는 행복해서 슬프고
효도 못한 아들은 아쉬워서 슬픈 날
부족한 며느리
당신을 만난 것을 감사했습니다

통화 중

정월대보름
둥근 달이 너무 밝아
버튼을 눌렀더니
통화 중 신호음만 들려온다
한참 후 다시 눌러보았지만
계속 통화 중이다
이 시간 눈을 뜨고 있는 사람들이
지은 죄는 무엇일까
인기 많은 달님과의 대화는 포기하고
별님에게 구조 요청을 해보지만
여기도 통화 중이다
가슴팍 내리찍는 통증을
유발하는 듯한 신호음
새벽까지 뚜뚜뚜

별 하나

그대는
내 인생의 하늘에서 반짝이고 있는 별입니다

창을 열어도 다가오지도 않고
밤새도록 바라보고 있어도
달아나지도 않고
어둠 속에서 침묵하고 있는 별입니다

그래도
그 별 바라보면
눈물이 마릅니다
슬픔이 사라집니다
희망의 새벽이 밝아옵니다

그대는
내 인생의 하늘에서 반짝이는 하나의 별입니다

2
여자는 아름답다

사랑하는 이 함께
면발을 건지든
홀로 외롭게
면발을 건지든
여자는
여자이기 때문에
아름답다

가슴에서 피는 꽃

꿀벌
— 일

나는 전생에 꿀을 따는 벌이었나보다
날갯짓 멈추었더니 삭신이 쑤신다

구정 명절 출입문 빗장 질러 두었더니
머릿속 빈 깡통 구르는 소리만 요란하여
혈관을 타고 잡념만 빙빙 돌아다닌다
그늘진 가시덤불 위에 누워
세월 잊고 뒹구는 베짱이 인생
목쉰 노래하기도 얼마나 힘이 들까

나는 전생에 꿀을 따는 벌이었나보다
땀 흘려 꽃을 찾음이 나에겐 행복이다

달콤한 거짓말

점잖게 생긴 손님
계산대 앞에서 나이를 묻는다
아름다워 사십 대 중반쯤으로 보인다나
웃겨, 듣기에 좋은 거짓말이겠지만
매우 달콤하다
하루 종일 기분 좋아
거울 쳐다보고 다니니
어쩔 수 없는 여자인가보다
달콤한 거짓말에 넘어갈 나이는
이미 지나버렸는데

미역국

금년에도
미역국 끓이는 날이 돌아왔다
천국 가신 내 어머니
그리워 불러보는 날이 돌아왔다
행복나라 불 밝힌 케이크
아슬아슬 흔들리다 꺼지고
화려한 꽃다발
며칠 못 가 시드니
세월부뚜막 위에 솥 걸고
미역국 몇 번이나 끓이려나
살아온 날들과
살아갈 날들
빼고 더하고 헤아려보느라고
새벽 깊도록 잠들지 못했다

목욕탕에서

진한 화장으로 가렸던
욕망의 흔적들
시원스럽게 벗어던진 목욕탕에서
가공미인들을 본다

그 옛날
이브의 죄목은 유혹
죗값
영원하였던 까닭에

오늘도
무화과 나뭇잎으로 은밀한 곳 가리고
에덴동산 활보하며
풍만한 가슴으로 유혹하고 싶은가보다

벽에 붙은 거울처럼
고정된 젖가슴보다
축 늘어진 가슴들이
더 아름다워 보인다

비 오는 날의 시

비 오는 날 쓴 시는
긴 세월 흘러도 마르지 않습니다
그대 보고 싶은 그리움
스며 있기 때문입니다

비 오는 날 쓴 시는
긴 시간 흘러도 마르지 않습니다
눈물 젖은 가슴으로
써놓았기 때문입니다

사랑한 후

언제부터인가
먹구름 끼었다 햇빛을 내는
변덕스러운 여자가 되어버렸습니다

언제부터인가
바람에 흔들려 상처를 내는
예리한 갈대가 되어버렸습니다

언제부터인가
그대 건너는 강가
이끼 낀 돌이 되어버렸습니다

이 모두가
그대를 더 사랑한 후입니다

여자는 아름답다

행복의 국물 부은
냉면 한 그릇
기쁨으로 건지는 여자도
아름답고

고독의 국물 부은
냉면 한 그릇
슬픔으로 건지는 여자도
아름답다

사랑하는 이 함께 면발을 건지든
홀로 외롭게 면발을 건지든
여자는
여자이기 때문에
아름답다

신년, 시인의 소원

찬란한 빛
어둠을 삼키는 순간
내 가슴속을 빠져 나온 새 한 마리
창공을 힘차게 난다

자유롭게 날아다니다
둥지로 되돌아올 땐
입에 문 새파란 잎사귀로
시집 한 권 엮어내겠지

세 사람

오늘도 그분들이 오셨다

황량한 들판
인생의 집을 짓던 세 사람
눈빛 진한 우정 침묵으로 나누며
흘러 가버린 세월
잊을 수 없는 추억들
만둣국 속에서 건져내신다

식후 커피 잔 들고 가까이 다가서면
진한 국화꽃 향기가 코를 찌른다
이기적 세상에 꽃피운 아름다운 우정이여
바람 불어 목숨 꽃 지는 날
외롭지 않게 함께 가시기를
간절히 기도합니다

선행 상을 받으며

동작구청 수상자 석에 앉았지만
왠지 마음이 무겁다
만두 몇 개 나눈 일 자랑할 것 없기 때문이다

상패에 나열된 까만 단어들
툭툭 튀어나와
어깨를 짓누른다

빈손으로 왔다가
빈손 들고 가니
나눔에 인색할 이유 전혀 없는 것을

수상소감,
할 수만 있다면
내 몫의 빵을 떼어 공존하고 싶다

안경

안경을 끼면
카드 단말기 숫자들이 툭툭 튀어 올라
하루에도 수없이 벗었다 끼었다 한다
그런데 이상하다
안경을 끼면 숫자는 선명한데
나의 참모습은 점점 흐릿해지는 것 같다

어머니의 세뱃돈

시어머니,
복 빌어 나눠주신 세뱃돈 봉투
꼬물꼬물 실지렁이 기어간 듯한
힘겨운 필체가 서럽다
딸이 차별 받는 불운의 시대에 태어났지만
믿음과 기도로 지혜롭게 살아오신 분
늘 그 앞에 서면 고개가 숙여진다
감사히 받아든 봉투 속 살며시 들여다보니
엄동설한에 사랑꽃 피어나네

육수 맛 비결

육수 맛 염탐하러
구미호 눈빛들이 산을 내려와 어슬렁거린다
하긴 진하게 우린 국물 맛에 단골고객 모여드니
어쩔 수 없는 현상이긴 하다
어머니께 전수받은 육수 맛 비결 공개하자면
의외로 간단하다
솥뚜껑 닫기 전
하늘에 떠 있는 맑은 햇살이나
어둠 속 빛나는 누런 달빛을 되도록 많이 집어넣고
네댓 시간 푹 끓이면 되기 때문이다
햇살 우려내면
지친 기력 북돋우는 보약이 되고
달빛 우려내면
그 옛날 임금님 드시던 별미가 된다

장미가시

자존심 감싸고 있는
뾰족한 가시
신이 주신 선물이지만

미풍에도 예민해진 장미
사랑하는 이 가슴에
상처를 남긴다

솟구치는 선혈 보고서
후회의 발길 돌려
그날 밤 가시 하나 꺾어보지만

어쩌면 좋아
아직 수많은 가시
날카롭게 돌출되어 있으니

핏줄

컴퓨터 책상 만들어
선물한 딸에게서 내 모습을 본다
식성, 외모, 성격, 닮았지만
미(美)를 창조해내는 눈빛
손 재능까지 물려받았나보다
어미와 딸, 핏줄의 인연
강물처럼 흘러 끊을 수 없는 것이라면
사랑을 위한 여자의 순명(順命) 좇아
행복꽃길 평탄하게 걸었으면 좋겠다
내가 너를 지켜보는 동안

집착

화분의 꽃 마를까봐
물 주다보니
뿌리 썩는 줄 몰랐다
푸른 잎 메말라
물이 필요할 때까지
기다리지를 못했다

사랑이란 집착
귀한 화초
뿌리만 잃을 뿐이다

3
가슴에서 피는 꽃

바람으로 스쳐간 그리움
이끼 되어 밀착된 인연
빛깔 달리한 꽃으로
피었나보다
깊어가는 밤
새벽 꽃 피려는지
젖멍울 아파 잠들 수 없다

• • • • • • 가슴에서 피는 꽃

나는 비를 무척 좋아한다

어느 시인은
비를 좋아하는 사람은 과거가 있다고 했다
과연 그럴까
과거 속으로 걸어가보았다
슬프고도 아름다운 사랑이 숨어 있으면 좋으련만
씁쓸한 추억만 장맛비에 젖고 있었다

슬프고 아름다운 과거는 간직하지 못했지만
나는 비를 무척 좋아한다
쏟아지는 빗물에 머리 감고
몸단장하는 들풀처럼
눈빛 반짝이며
화장대에 오래도록 앉는다

추적추적 비 내리는 날이면

꽃과 사람

꽃,
아무리 아름다운들
한철 피었다 지는 허무한 것이라
말하던 그가
며칠 후
관절 꺾인 육신을 태우고
꿈을 묻은 채 시들고 말았다

그가 손가락으로 가리키던 꽃
아직
방긋방긋 웃고 있는데
꽃이 삼켜버린 탓인지
새벽이슬 되었다 하네

고향마당 빨랫줄

어릴 적
빨랫줄에 춤추던 하얀 원피스
햇살같이 눈부시던 그 옷
어린소녀가 입고 걸어옵니다

그 소녀 원피스를 보니
유년의 추억에 젖어
과거로 돌아가고 싶은
충동에 빠져듭니다

고향 떠나 외모는 변했지만
하얀 원피스 곱게 털어
마당 빨랫줄에 널어놓고
손뼉 치고 노래하는 동심입니다

나비축제

봄 햇살 타고
목마른 나비가 난다

나비는 꽃을 찾아서 날고
꽃은 꿀을 간직한 채
운명의 만남을 기다린다

달콤한 꿀은
힘을 북돋우는 사랑이다
꽃과 나비를 하나로 연결시켜주는
아름다운 유혹이다

사랑 없이는
기쁨도 없고
꽃의 아름다움
그 의미도 없다

믿음, 소망, 사랑
그중에 제일은 사랑이다
훨훨 사랑에 빠진 나비
꽃을 찾아 하늘을 난다

덤웨이터

푹푹 찌는 열기 속
오르내리고 있는 너를 본다
저 듬직한 충성이 없다면
무거운 그릇 들고
이층 계단 수없이 올라야 할 텐데

너를 지켜보며 삶을 배운다
한 번 맺은 인연 이탈하지 않고
녹슬어 멈추는 그날까지는
운명을 함께하는 것이라고

너의 앞에 설 때마다
꼭 안아주고 싶다
말 못하는 너에게
고마움 전하고 싶다

목련의 죽음

바람에 흔들리고
비에 젖은 목련꽃
하룻밤 사이 독감을 앓았는지
집단 사망해버렸다
하얀 목련의 최후를 바라보니
짧은 삶을 살다 간 어느 소녀를 닮았다
하얀 드레스를 입고 떠난
소녀의 죽음
뻣뻣하게 굳어버린 목련의 향기
갑자기 찾아오는 슬픔은
언제나 가슴 아플 뿐이다

가슴에서 피는 꽃

관악산
봄꽃 피기 전
가슴에서 피어나는 꽃

심연의 계곡
망각의 가지마다
분홍빛 지천으로 물들었네

바람으로 스쳐간 그리움
이끼 되어 밀착된 인연
빛깔 달리한 꽃으로 피었나보다

깊어가는 밤
새벽 꽃 피려는지
젖멍울 아파 잠들 수 없다

당신이 가시던 날
― 故 김수환 추기경님 추모의 시

눈물 메마른 여자로 한 세상 살았지만
당신이 가시던 날 흐느껴 울었습니다

이기적 삶을 살아온 과거가 부끄러워서 울었고
당신을 보내야 하는 현실이 가슴 아파 울었고
영원한 곳을 향해 가는 당신이 부러워서 울었습니다

꽃은 피었다 지고
사람은 태어나 죽음에 이른 후엔 잊혀져가지만
당신은 종교를 초월 영원히 기억될 꽃입니다
대한민국 천주교회의 상징입니다

당신이 가시던 날 흐느껴 울었습니다
주님 품에서 복된 안식 누리소서

봄이 오는 징조 1

길을 걷는데
척박한 땅에 뿌리 내린 나무
생기를 되찾은 듯 인사를 건넨다
해마다 구부러진 관절을 펴며
봄이 오는 징조
툭툭 치며 말을 걸어오는
나무들에게서 찾았다

바삐 가던 발걸음 멈추고
손을 대어보면
피가 돌듯 온기가 느껴지는
나무의 넓은 가슴
겨우내 침묵하던 나무가 말을 걸어오면
어김없이 도지는 불면증과 함께
봄은 그렇게 찾아오고 있었다

봄이 오는 징조 2

승리의 말을 탄 개선장군 같이
우뚝 선 나무들
두 팔로 껴안아보지 않아도
봄이 오고 있음을 나는 안다

포근한 햇살 품에 안겨
옹알이하는 나무들
대화를 나누지 않아도
봄이 오고 있음을 나는 안다

가슴속 벚꽃 핀 손님들
시원한 냉면 찾기 시작하면
봄은 이미 화장을 끝내고
잔잔한 호숫가 거닐고 있는 것이다

어머니의 송편

어머니의 손자국 찍힌
송편 맛 찾아서
사람들은 고향으로 돌아가지만

먼 길 떠나신 나의 어머니
어둠 속 달빛 타고
송편 빚으러 서울 땅 찾아오실까

이북이 고향이신 나의 어머니
하얀 쌀가루 익반죽해놓고
그 옛날 송편 맛 물려주셨는데

콩고물 가득 채운 떡 하나 입에 넣고
목메어 불러보는 그리운 이름
아, 어머니

가을 코스모스

벌건 대낮
정사를 즐기는
흰 구름 부러워
꽃길 걸을 때

유독
발길을 잡아끄는
분홍빛 코스모스
방글방글 웃고 있네

군락 이룬 너를 보니
외롭지 않아 좋고
내 가슴속 남아 있는
옛 친구 생각난다

어느 길가에 피어
고무줄 뛰는지 모르지만
잊혀져가는 꽃 이름들
너에게 붙여본다

첫눈

서울의 첫눈은 나무에도 길거리에도
흔적을 남기지 않고 바람처럼 스쳐갔다
나도 첫눈을 기다렸지만
사람들이 잿빛 하늘 바라보는 것은
눈을 기다리는 것이 아닌 것 같다
첫눈 내리면 지난 추억들이 다시 쌓여
행복해지기 때문이다
그래서 과거로 돌아가는
첫눈 내리는 날의 커피는
혼자 마셔도 향기롭고 달콤하다

행복한 생일

장맛비
온종일 내리는 날
또 한 번의 생일을 맞았다

멀리 고향을 떠나
묵묵히 일하는 성실한 사람들
고함치고, 힘들게만 한 것 같은데
합심하여 축하의 촛불 밝혀주었다

비 그치고 바람 불면
구름 따라 떠날지 모르는 그들인데
코끝이 찡
눈물이 핑 돈다

삶의 기억 속에서
오늘을 잊을 수 없을 것 같다
피붙이, 친지들의 축하보다
더 큰 행복에 젖었다

인연의 울타리 안 거하는 동안
가족처럼 사랑하리라
케이크 나누며 행복을 공유하리라
다짐하며 촛불을 껐다

해산을 앞둔 여자

해산을 앞둔
그녀가 누구일까
궁금해진다

그는 왜
분신을 얻는 생사의 갈림길에서
따끈따끈한 만두가 먹고 싶었을까

삶의 기억 속에서 독특한 맛으로 남았거나
사랑하는 남편과 함께 지난 추억을 회상하며
거룩한 신고식을 하고 싶었던 것일 게다

사리원 만두의 힘을 빌려 태어난 아이
먼 훗날 가난한 이들 허기를 채워주는
삶이 되기를 기도해본다

그날 밤
허공에서 들려오는 새 생명의 울음소리
바람결에 들을 수 있었다

섬뜩한 현실

졸린 눈 비비며 뉴스를 보다가
정신이 번쩍 든다

아내가 남편을
남편이 아내를 해치는 세상
왜 저렇게까지 해야만 하는 걸까
인연의 실 뚝 끊어지면 억지로 잇지 말고
서로 놓아주면 되는 것을
증오로 가득한 섬뜩한 현실 속에서
이별할 때 멋스러운 사랑에 대하여
기도하고 싶었다

4
고독

어둠에 묻히는 순간
가슴을 파고드는 고독
착 달라붙어 붉은 피 흡입하는
너와 함께
빈혈로 쓰러지며
몇 시간 보내야 한다
고독이란 놈도
고독한 나도
녹초가 되어 새벽을 맞는다

가슴에서 피는 꽃

달력을 찢으며

구월이 온지도 모르고
팔월에 멈춰 있는 달력을 찢어내며
무더웠던 계절 속으로 돌아가본다
산바람 부는 곳
파도치는 바닷가 한 번 가보지도 못하고
흘러간 시간들
언젠가는 크게 후회할 것 같은
조바심이 생긴다
이미 흘러간 것은 되돌릴 수 없기에
찢어버린다, 과거를

날개

앙상한 나뭇가지 겨울새의 노래
처량하고 가련해 보였지만
훨훨 날아 구름 속에 숨을 땐
나도 새가 되고 싶었다

현실에 갇혀버린 여자의 운명
삶의 굴레 벗어나려 몸부림치다
늙어가기엔 서러워 새의 날개를 얻었다
그리고 날고 싶을 땐 마음껏 난다

오늘 밤도 깨어 날갯짓한다
시인의 겨드랑이 꼼꼼히 살펴보면
과거, 현재, 미래의 하늘 자유롭게 날 수 있는
날개가 돋아 있다

내 고향 청주에 갔다 올 때면

내 고향 청주에 갔다 올 때면
흘러버린 과거와 다가올 미래를
헤아려보는 습관 때문에
핸들 잡은 손 떨리고 시야가 흐릿해진다

살아생전
고향의 석양을 바라볼 수 있는 기회
몇 번이나 주어질까
아련한 추억들 속 그리운 어머니 모습
흘러가는 무심천에서 건져낼 수 있을까

차를 버리고
고속도로 걸어서 돌아오고 싶은데
내 심정 알 리 없는 사람들
짧은 인생길 빨리 가자며 경적 울려 재촉한다

어느 문학상 시상식장에서

한 해가 저물어가는 밤
바람도 차가운데
시인들의 가슴에는
겨울 꽃 피어나고
무지갯빛 영롱한 이슬
입가에서 구른다
한 해 동안 땀 흘린 결실들
가슴에 품고
콧노래 흥얼거리는 그들이 부럽다
내년엔 더 좋은 파종을 위해서
꽃밭을 준비하는 눈빛들에게
진심 어린 축하의 꽃다발 안겨주고 싶다

불면증

가슴앓이하는 계절
가을도 아닌데
불면증을 앓는다
이리저리 뒤척이다 잠이 들어도
곧 일어나 새벽산책을 나선다
막연한 설렘으로 포장된 여자의 불면증
그 실체는 어떤 갈망이나 집착인지도 모른다
내가 찾고 있거나 기다리고 있는 것은 무엇일까
스스로도 알 수 없어 목이 탄다

빗속에 서서

봄비가
장맛비 같이 내린다
목마른 사슴이 물을 찾듯
비에 젖고 싶어
두 팔 벌린 채
나무가 되어본다

마알간 속살이 젖어올 때쯤
느껴지는 쾌감이 다르다
빗길
때로는 우산 없이 걸어보는 것도
낭만이 있어 괜찮을 것 같다

긴 행렬들
젖지 않으려
우산 쓰고 걷는 날
나는 빗속에 서서
그냥 있었다

고독

저녁 아홉 시
테이블을 지키던 눈빛마저
별빛 속으로 사라져 가면
문이 닫히고 외등이 꺼진다
어둠에 묻히는 순간
가슴을 파고드는 고독
착 달라붙어 붉은 피 흡입하는 너와 함께
빈혈로 쓰러지며 몇 시간 보내야 한다
고독이란 놈도
고독한 나도
녹초가 되어 새벽을 맞는다

실족의 원인

이층으로 향하는 계단
눈에 밟히는 미끄럼 방지 테이프
오르내리는 사람들 실족을 방지한다

여자가 걷는 길 조심조심 걸었으나
계단에서 미끄러져
흘러가는 세월로 아물 수 없는
흉터가 남아 있다

고요하게 잠든 서울의 밤
홀로 깨어 자아(自我)를 바라보니
과거 실족의 원인 어렴풋이 보인다

반들반들 젖은 계단에서 뒹굴지 않도록
오늘은 겸손의 테이프
마음 구석 길게 붙여본다
탁탁

성탄 풍경

성탄이 다가오면
삼삼오오 짝을 지어 찾는
단체 손님들 늘어난다
가족들, 동료들
술잔 부딪치며
생존 위한 사랑 확인한다
느슨해지고 꼬인 매듭
당겨 묶고 푸는 사람들
그래서 그런지
그들 곁 지나면
은은한 성탄 캐럴 울려 퍼진다

소낙비

환한 대낮
천둥 번개 치고 소낙비 쏟아지자
손바닥으로 하늘 가린 사람들이 뛰어 들어오고
놀란 눈빛들 식사를 하다 말고 창가에 매달렸다

짧은 시간 퍼붓고 지나갔지만
언덕길 흘러가는 빗물을 보니
내 인생에도 먹구름 덮고 소낙비 쏟아져
놀란 가슴 쓸어내리던 그날 생각이 난다

소낙비는 지나가는 비
더위를 식혀주는 유익한 비
바삐 걷던 발걸음 멈추게 하여
자신을 돌아보는 기회를 제공한다

길을 걷다 소낙비 내리거든
자신이 간직한 꿈을 꺼내 씻어보거나
비에 젖어 잠시 오열해도 좋으리니
구름 속 햇빛은 등 뒤에 숨어 있다

수덕사

언젠가 눈물 쏟으며
마음을 열어놓았던 여승이 생각난다
수많은 세월 흘렀건만 지금도 궁금한 건
목탁소리 따라 흘러내렸던 눈물의 양이다
나는 왜 그날 눈물을 쏟아야 했을까
달마도 한 장 손에 쥐어
세상 속으로 돌려보내던 스님
지금은 해탈문 지나 열반에 드셨을까
그날 쇠북소리 귓가에 쟁쟁한데
대웅전 찾아 떠나지 못하고
덕숭산 흰 구름 그리워만 하고 있네

슬픈 소식
— 어느 손님

다시는 돌아올 수 없는
강을 건넜다고 들었다
치아 없는 잇몸 드러내고
소년처럼 웃으시던 모습
이승을 떠났다는 슬픈 소식
만둣국 한 그릇 올려놓고 명복을 빈다

조용히 다가와
해맑은 미소 남겨놓고 떠난 손님
지금은 어디에서
환생을 예비하고 계실까

오늘 힘들어도

가을바람 불어오니
줄을 서던 냉면 인기 시들해지고
펄펄 끓는 만두전골 사랑을 독차지한다

별이 지면 해가 뜨고
해가 지면 별빛 반짝여
행복의 물레방아
빙글빙글 돈다고 했을까

차가운 냉면 같은 인생아
펄펄 끓는 만둣국 같은 사람아
오늘 힘들어도
눈물 흘리며 서러워 마세요
내일은 비 그치고
젖은 창가에 햇살 스며들 테니

오빠 별

어린시절
대추나무 가지 끝
일곱 별들이 모여 빛을 발하는 것을 발견한 후
나는 그 별들을 오빠라고 생각하였고
일곱별이 둘러싼 가운데 작은 별은
유씨 집안 외동딸 내 자신이라고 믿었다

인생의 하늘에서
그냥 그대로 빛을 발하면 좋으련만
바람 부는 날, 별 하나 추락하고
눈 내리는 날, 별 하나 사라지고
장맛비에 별 하나 씻겨가더니
지금은 아무리 하늘을 쳐다봐도
눈물로 엉긴 네 개의 별밖에는 보이지 않는다

나의 기억 속에서 죽음이란
별들이 하나 둘 사라지는 것으로
이해되어서 그런지
온 가족이 빙 둘러앉는 날이면
어릴 적 대추나무 가지 끝에서 반짝이던 광채
사랑하는 오빠들 이마에서 본다

졸업식장에서

초등학교 운동장이 꽃밭으로 변했다
아이들 손에 쥐어진 빨간빛 자줏빛 꽃들
희망의 향기를 내뿜고 있다
문득 싸늘한 병실에서 구토의 세월 보내다
꽃샘바람 타고 먼 길 떠난 친구 생각이 난다
친구를 보내는 인생 졸업식장
그곳의 꽃들은 하얀 빛깔뿐이었다
꽃의 빛깔로 구분되는 아들의 졸업식장에서
슬픈 졸업식을 생각하다
강풍에 스카프가 날아가는 것도
느끼지를 못하였다

화초에게

입동 지나 시들해진 화초
잔뜩 웅크린 채 바들바들 떨고 있어
그 앞에 앉아
따뜻한 시선으로 속삭여 녹여주었다
내가 너를 바라보며 눈길을 전하듯
바람 불어 외로운 날에
첫눈 내려 쓸쓸한 날에
내 앞에 웅크리고 앉아
나를 바라보는 시선 하나 느낄 수 있다면
참으로 좋겠다

5
감사의 조건

하나, 둘…
열 손가락 모자라
발가락까지 동원한다
받기만 하고
베풀지 못한 후회
퉁퉁 젖 불은 듯 아프다
내년에는 구수한 빵을 구워
이웃과 나누며 살아야겠다

• • • • • • 가슴에서 피는 꽃

꽃이 되고 싶어요

꽃이 되고 싶어요

고독한 나무 곁에 피어
사시사철 향기로 말하는
꽃이 되고 싶어요

생글생글
행복하여 웃는 나무만 바라보다
시드는 꽃이 되고 싶어요

그런 꽃이 되고 싶어요

늙은 호박

시장에서도 보기 힘든 늙은 호박 하나
계산대 위에 올려놓았더니
못생긴 호박 보고 아름답다, 표현을 한다
점점 말라 썩어가는 호박이 아름답다니
주인을 잘못 만나 미이라로 굳겠지만
한 끼 죽이 되어 허기를 채워주는 것보다
너는 더 귀한 일을 하고 간다
사람들은 너를 보면서 정든 고향을 떠올리고
곧 이별할 부모님 얼굴 생각나
마지막 효도할 착한 마음 갖게 하기 때문이다

내가 시를 쓰는 이유

낮달 아래 일하고
별 헤아려 시를 쓴다
안경 너머 보았던
흐릿하고 맑은 표정
되돌려가며 시를 쓴다

그보다
더 중요한 건
언제부터인가
한 편 시를 쓰지 않고는
꿈길로 갈 수 없었기 때문이다

보고픈 얼굴에게 안부를 묻다

사리원 문을 연 지 어언 십 년
짧게는 몇 달
길게는 몇 년
머물다 간 발자국들 생각나 안부를 묻는다

좋은 인연으로 기억되고 싶어
살갑게 대했으나
소식조차 없는 이들
지금은 어디에서 맷돌 돌리고 있는지

하나, 둘
그 이름 불러봅니다
하나, 둘
그 얼굴 떠올려봅니다

삶의 길에서 만나
정들었던 이들이여
목덜미 스치는 바람 차갑기에
이 밤 따수운 행복을 빕니다

대학 졸업생

졸업식이 끝나고 몰려든 숭실대 학생들
고해의 파도 헤쳐 나갈 노련한 어부들로
탈바꿈하는 순간이다
사 년 동안 아비의 등골, 어미의 주름살과 바꾼
한 줌 지식들을
만둣국 한 그릇에 집어넣고 훌훌 삼킨다
한순간 허기는 채워질 것 같은데
긴 여정, 굵은 고기 낚아 만선의 기쁨
제대로 누릴 수 있을까

카운터에 앉아
장가 잘 가고
시집 잘 가고
부디 취직 잘 되어서 행복하기를
나도 모르게 기도하고 있다

비 내리는 밤

정겨운 빗소리 끌어안고
에덴동산의 이브처럼 눕고 보니
한 줄기 떠도는 바람이었으면 더 좋겠다
타들어가는 열기 속 마른풀로 서 있을 때
지독한 갈증 씻어내고 싶을 때가 있었다
태양빛이 뜨거웠던 날의 고통
돌아보면 멀지도 않은 엊그제 일인 것 같다
편안하게 휴식할 수 있는 공간이 있다는 것
감사하고 감사하다
비 내리는 밤,
축복 주신 그분을 생각한다

아들의 교복

중학교에 입학하는 아들
새 교복 입혀본다
비싼 가격만큼 가볍고 부드러운 원단
어미의 청춘 머리칼로 짜고
멋스럽게 달려 있는 단추들
눈가의 주름인줄 알지 못하여
철부지 입이 찢어져 귀에 걸렸다
꿈꾸는 동산 푸른 나무 되어 곧게 자라기를
찰칵, 기념사진 셔터 기도로 눌러본다

감사의 조건

한 해가 저물어가는 고요한 밤
감사의 조건을 세어본다
사소한 것들은 묻어두고
굵은 칡뿌리만 세어본다
하나, 둘…
열 손가락 모자라
발가락까지 동원한다
받기만 하고 베풀지 못한 후회
퉁퉁 젖 불은 듯 아프다
내년에는 구수한 빵을 구워
이웃과 나누며 살아야겠다

옥수수 1

인생의 불꽃 위에서
잘 익은 세월 떼어내어
입 안에 집어넣고 씹으니 구수하지만
곧 꼿꼿한 몸뚱어리만 남아 흉측하다

오늘 밤 별빛 세고
내일 거울 앞에 서면
옥수수 알갱이처럼 이탈되는 머리카락
바이바이, 손 흔들며 길 위에 뒹굴 것이다
나의 삶에서 옥수수 알갱이는
과연 몇 개나 남았을까

옥수수 2

멀리 찾아온 택배 받아 펼치니
어느 부부의 사랑처럼 단단하게 여문
노란 옥수수들 누워 있다

그중 하나 꺼내어 보니
시집가는 딸을 위한 어미의 기도 노랗게 익어
그 숫자 헤아릴 수 없을 만큼 박혀 있다

감사의 불꽃 위에 쪄낸
구수한 그 맛
이 여름 다 가도록 기억에 남을 것 같다

저축

누가 흘린 눈물일까
대리석 현관 앞이 흥건하게 젖어 있다

빈부의 경계선
육중한 문 밀치고 들어가
소금기 말라붙은
통장 받아들고 돌아설 때
기쁨보다는 의문이 생긴다

나는 무엇을 위해
검은빛 숫자를 늘려가고 있는 것일까
먼 길 떠나는 영혼 태운 구급차 소리
오늘 따라 저리도 처량하게 들리는데

가을바람

고단한 하루 일과를 마치고
창가에 서 있을 때
마음의 서랍 속 정리된 추억들
허락도 없이 끄집어내어 난장판을 만든다
까맣게 잊고 살았던 기억들
별빛 되어 반짝이고
심한 갈증
늦은 밤 한 잔 커피를 마시게 한다
맞아,
이맘때쯤일거야
가슴 떨리는 소녀가 되어 행복을 노래하던 때
나는 잊어버렸는데
그때 그 가을바람
잊지 않고 기억하고 있었네

비를 기다릴 때가 있다

유난히 비를 좋아하는 나는
시들어가는 꽃망울처럼
비에 젖고 싶을 때가 있다

빗소리 들으면 가슴이 요동쳐
넓은 들판
꽃과 같이
풀과 같이
파릇파릇 힘이 솟아난다

여자의 나이 오십
인생 꽃 메말라가지만
흠뻑 비에 젖어 퉁퉁 불은 날은
매혹의 향기 뿜어내기 때문이다

연거푸 마시는 커피에 부대끼면서
먹구름 덮은 하늘
무지개 그리워
굵은 비 기다릴 때가 있다

옹이자국

하루의 일과를 끝내고
십 년 전 과거 속으로 돌아가
흩어진 낙엽들을 줍는다
깊은 산속에서 늙은 나무를 끌어안고
고통의 눈물 흘릴 때
퀭하게 박혀 있는 옹이자국을 보았었다
흉한 옹이자국
내 가슴속에도 박혀 있었기에
실패한 삶에 대하여 위로를 받았었다
눈보라, 비바람 이긴 큰나무일수록
그 가슴속에는 옹이가 박혀 있다는 것을
그날 깨달았다

십 년이 지난 지금
옹이자국은 욕심을 떨쳐내는 교훈이 되어
화려하게 빛나고 있다
이제는 행복하여 감사할 뿐이다

조각보

한복연구가,
권영옥 선생이 만든 조각보 안에는
광활한 세상이 숨죽이고 있네
여러 빛깔 사연들이 모여
한 장의 조각보로 완성되듯이
삶이란 그런 것이라고 깨우치고 있네

침묵,
응시의 눈빛으로 바라보니
한 여자의 과거, 현재, 미래
축소되어 있네

다양한 표정

누군가
식탁에 앉아
숟가락질 하다 말고
목이 메어 운다

누군가
식탁에 앉아
휴대폰을 꺼내들고
행복하여 통화한다

누군가
식탁에 앉아
침묵으로
밥알을 헤아리고 있다

밥그릇 앞에 놓고
슬픈 사람,
행복한 사람,
표정은 다양해도

때가 되면
허기 채우는 식탁에 앉아야 하는 것
슬퍼도 슬픈 표정 짓지 말자
기뻐도 기쁜 표정 짓지 말자
숟가락질 않고는 살아갈 수 없으니

화려한 꽃
— 최진실을 추모하여

오늘 아침 그녀는
가지런히 머리 빗고
검은빛 햇살 타고
먼 길 떠나야 했다

화려한 꽃으로 피어
짧은 생애 사는 동안
외로워
우울했노라 했다

홀로 피어 있으나
둘이 함께 흔들리나
여자의 삶 고독한 것을
그녀는 왜 몰랐을까

언젠가
다시 필 때는
청청한 소나무 곁 이름 모를 들꽃으로 피어
못다 부른 사랑 노래 끝까지 부르소서

| 서평 |

꽃과 향기의 시학

– 유승배의 시 세계

손희락

(시인 · 문학평론가)

1. 관찰력의 깊이

유승배는 섬세한 눈을 가진 시인이다. 섬세한 눈을 가지고 있기 때문에 시야에 들어오는 사건이나 사물에 접근할 때 관찰력이 깊다. 깊이 있게 관찰한다는 것은 어떤 사물과 교감하여 메시지를 획득하고, 그 메시지를 시적 이미지로 완성할 때까지 집중력을 보이고 있다는 점이다.

맨 처음 사건이나 사물을 바라보면 거의 침묵하고 있기 때문에 교감은 이루어지지 않는다. 그러나 반복하여 깊이 있게 바라보고 고뇌하면 사물은 입을 열거나 스스로 은밀한 부분을 노출시켜 주면서 예민한 시인의 감성에 성찰의 메시지를 전송시켜준다.

그러므로 섬세한 눈을 가진 시인의 작품에서는 메마른 가슴을 적시는 물이 흐르고, 진리적인 메시지가 함축되어 있을 수밖에 없다. 그 이유는 평소 깊이 있게 바라보는 시적 안목을 길러왔기 때문이다.

푸른 하늘에 매달려
시장 오가는 길 내려다보더니
발아래 뒹굴어 애처롭기만 하다
애처로운 것도 잠시
쓱쓱 쓸어 담은 청소차에 몸을 싣고
이름 모를 화장터로 허무하게 떠나간다
사람이나
나뭇잎이나
하늘에 매달려 있는 시간은 짧다
그 종말은
흙으로 돌아가기 위해 추락하고 있을 뿐이다

–「나뭇잎 종말」 전문

이 작품에서 화자의 시선은 '추락하여 뒹구는 나뭇잎' 에 머문다.

잠시 발걸음을 멈추고 나뭇잎을 바라보고 있는 동안 길

거리 청소부가 다가와 쓱쓱 쓸어 담아 떠나버리는 상황이다. 시인은 나뭇잎이 청소차에 실려 떠나가는 것이나 사람이 죽어 영구차에 실려 화장터로 향하는 것이나 그 종말적인 현상은 동일한 것이라고 명징하게 보았다. 대단한 통찰력이 아닐 수 없다.

그냥 무심코 지나치기 쉬운 사건 앞에서 유승배의 시선은 종말에 대한 진리를 포착해낸다. 그리고 단언한다. "사람이나/나뭇잎이나/하늘에 매달려 있는 시간은 짧다"라고.

이 시에 함축되어 있는 시인의 목소리는 힘이 있고 명쾌하다. 흙으로 돌아가기 위해 나뭇잎은 추락하고 있고, 사람은 길을 걷고 있다는 것이다.

행간에서 표출되는 진리를 어느 정도 인식할 수 있는 독자라면 시인이 외치는 메시지에 귀를 기울일 수밖에 없을 것이다. 시의 전반부나 후반부에서 횡설수설하는 목소리의 혼돈이나 엉킴은 어디에도 존재하지 않는다. 군더더기 없이 물 흐르듯 흐르다가 명료한 진리로 마무리하고 있다. 이런 좋은 작품을 쓸 수 있다는 것은 사물(낙엽)과 시인이 가슴으로 동화(Identity)되지 않고는 불가능한 일이다.

사물과 시인이 하나가 되기 위해서는 깊은 관찰이라는 단계를 필수적으로 거친다. 유승배의 시는 사물에 대한 탐색, 관찰력이 깊기 때문에 여운이 길고 깊은 이미지를 만들어내는 데 성공하면서 현대인들이 원하는 수준 높은 시를 쓰고 있는 것이다.

섬세한 눈, 깊은 관찰력을 기른다는 것은 시인들이 헤쳐 나가야 할 고뇌의 늪일 수밖에 없다.

2. 시에 대한 인식 – 꽃

시인들마다 시를 대하는 인식이나 철학이 있기 마련이다. 시인은 언어를 운용하는 전략가이고 기술자이다. 습득한 기교에 대한 노련미의 효과는 각각 다르게 나타나기 때문에 정호승의 시가 지니고 있는 매력이나 목소리가 다르고, 서정주의 시가 지니고 있는 운율이나 어법, 특징 또한 다르다.

화자의 작품도 자아 인식이나 체험을 바탕으로 한 자기만의 특징을 지니고 있다.

관악산
봄꽃 피기 전
가슴에서 피어나는 꽃

심연의 계곡
망각의 가지마다
분홍빛 지천으로 물들었네

바람으로 스쳐간 그리움
이끼 되어 밀착된 인연
빛깔 달리한 꽃으로 피었나보다

깊어가는 밤
새벽 꽃 피려는지
젖멍울 아파 잠들 수 없다

－「가슴에서 피는 꽃」 전문

유승배는 시에 대하여 '가슴에서 피는 꽃' 이라고 인식하고 있다.

자신이 체험한 사건이나 사물들은 씨앗이 되어 가슴에 먼저 뿌려지고, 그 뿌려진 씨앗들은 감성의 마음 밭에서 시간을 두고 발아하여 봉오리가 되었다가 깊은 밤, 혹은 새벽에 꽃으로 핀다는 한 편 시가 완성되기까지 과정에 대하여 설명하고 있다.

3연에서는 빛깔 달리한 꽃이라고 했고, 4연에서는 새벽 꽃 피려는지 젖멍울 아파 잠들 수 없다고 고백하고 있다. 자연 속에서 피는 꽃이나 가슴에서 피는 꽃이나 빛깔을 달리한다는 시인의 인식은 확고하다. 그리고 젖멍울의 통증을 수반한 후에 시의 꽃도 피어나더라는 창작에 대한 체험적 고통의 표현이나 비유는 적절해 보인다.

한 편 명작을 남기기 위해 몸부림쳐본 사람이 아니고서는 시어를 찾아 새벽까지 잠들지 못하는 그 고통을 이해하기는 어려울 것이다.

시는 곧 꽃이라는 인식은 외형적인 아름다움보다는 내면적인 향기의 중요성을 부각시키고 있는 것 같다. 유승배의 시는 자신의 진솔한 체험을 이야기하면서도 불특정 다수 누구에게나 해당되는 특징을 보이고 있고, 포착한 진리에 대한 천착의 기쁨을 독자들과 함께 아낌없이 공유하면서 독특한 향기를 내뿜고 있다.

시는 '가슴에서 피는 꽃' 이다. 시집의 표제로 뽑아 올린 깨달음은 예사롭지 않다.

화초가 꽃을 피우기까지 그 과정도 순탄치 않지만, 꽃을 피운 후에도 말라 시들지 않도록 세밀하게 돌보아야 하는 주인의 관심이 요구되기 때문이다. 과연 시는 가슴에서 피는 꽃과 같은가? 시인의 인식에 대하여 각자가 답을 해야 할 것 같다.

3. 꽃의 종류

1) 사유의 꽃

유승배 시의 특징은 허구나 상상에서 출발하지 않는다.

그리고 먼 길을 떠나 힘들게 얻은 시적 소재들도 없다. 주변에서 목도한 생생한 현장에서 얻은 깨달음이거나 혹은 자신에게서 일어난 다양한 사유들을 원천으로 하여 시의 꽃을 피워가고 있어 새벽이슬 같이 영롱한 빛깔로 투명한 햇살에 빛나고 있다.

한 해가 저물어가는 고요한 밤
감사의 조건을 세어본다
사소한 것들은 묻어두고
굵은 칡뿌리만 세어본다
하나, 둘…
열 손가락 모자라
발가락까지 동원한다
받기만 하고 베풀지 못한 후회
퉁퉁 젖 불은 듯 아프다
내년에는 구수한 빵을 구워
이웃과 나누며 살아야겠다

–「감사의 조건」 전문

이 시는 탐욕으로 가득 찬 현대인들에게 신선한 충격을 주고 있다. 현대인들의 우울증, 그 근원은 자족하거나 감사할 줄 모르는 불평불만의 의식에 뿌리를 내리고 있기 때문이다.

화자는 한 해가 저물어가는 밤, 지난 발자국을 되돌아보면서 감사의 조건을 세어본다. 사소한 것들은 그만두고 굵은 칡뿌리만 세었는데도 열 손가락 모자라 발가락까지 동원하였다고 강조하고 있다.

이렇게 감사의 조건이 많은 것은 자신만이 간직한 사유에서 출발한다. 아무리 고달픈 현실 속에서 살아도 감사의 조건이 없는 사람은 없다. 올바른 판단으로 깊이 헤아려보면 수없이 많고 많다는 것을 '굵은 칡뿌리' 라는 시어를 취택하여 부각시킨다.

칡뿌리는 땅속 깊이 묻혀 있어 캐내기가 쉽지 않고, 캐내어 보면 노출된 부분보다 감춰져 있는 부분이 더 깊기 때문에, 감사를 망각하고 살아가는 병폐를 인식시키는 데 적절한 소재로 보인다. 물질적으로는 손해를 보았어도 병들지 않아서 감사하고, 병은 들었지만 죽을병에 걸리지 않아서 감사하고, 깊이 생각해보면 전부 감사할 것밖에 없는 것이 인간의 삶이다.

시인은 감사의 조건을 헤아리면서 독자들에게 접근한다. 한 해 동안 감사하는 삶의 중요성과 그 의미의 필요성을 부각시킬 뿐 아니라 빵을 구워 함께 나누는 공동체 의식에 대하여서도 은근히 일깨워주며 이기적인 삶을 경계시키고 있다. 자아를 모델로 삼고, 개인적인 사유를 노출시켜 공감을 불러일으키며 시의 효용성을 극대화 시키는 데 노련하다.

「감사의 조건」이 작품 역시 성찰의 꽃으로 피어 그윽한 향기를 발하니 흡족하다.

나는 전생에 꿀을 따는 벌이었나보다
날갯짓 멈추었더니 삭신이 쑤신다

구정 명절 출입문 빗장 질러 두었더니
머릿속 빈 깡통 구르는 소리만 요란하여
혈관을 타고 잡념만 빙빙 돌아다닌다
그늘진 가시덤불 위에 누워
세월 잊고 뒹구는 베짱이 인생
목쉰 노래하기도 얼마나 힘이 들까

나는 전생에 꿀을 따는 벌이었나보다
땀 흘려 꽃을 찾음이 나에겐 행복이다

—「꿀벌」 전문

화자는 책머리 '시인의 말'에서 사리원을 개업한 지 십 주년을 기념하여 출간하는 시집이라고 밝히고 있다. 그리고 첫째 연에서는 자신을 '꿀벌'이라고 빗대어 묘사를 하더니 둘째 연에서는 구정 명절에 빗장을 질러 두었더니 혈관을 타고 잡념만 돌아다녀 휴식이 오히려 힘들다고 말하고 있다.

명절에 잠시 쉬는 휴식조차 삭신이 쑤시고 힘들다는 시

인의 고백은 주어진 현실에 최선을 다하는 삶의 자세와 열정 그 단면을 보여주고 있다.

이 시의 창작 동기는 아주 자연스럽다. 영업을 하는 사업장에는 하루에도 수많은 사람들이 구걸을 하기 위해 찾아오기 때문이다.

물론 그들 중에는 노동력을 상실한 진짜 장애자들도 있지만, 육신이 멀쩡한 베짱이 인생도 섞여 있기 때문에 땀흘려 일하는 노동의 신성함에 대하여 안타까운 심정으로 한 편 시를 쓰게 되었음을 유추할 수 있다.

이 작품에서도 시인은 어김없이 '꿀벌' 이란 모델이 되어 나타난다. 그리고 삼백육십오일 문을 열고 고객을 맞이하는 고달픈 현실에 대하여 '행복' 이라고 마무리 짓고 있다.

그리고 첫 연의 첫 행과 마지막 연의 첫 행은 내용이 동일하다. 반복 언급하면서도 마지막 연 둘째 행의 내용은 변화를 주어 감각적인 재치, 시적인 기교를 유감없이 보여준다.

유승배의 시는 깊이 사유하여 창작의 꽃을 피우고 시의 중심에는 반드시 자신이 존재하고 있는 동일한 패턴을 보이고 있다.

2) 진리의 꽃

유승배의 시적 소재는 매우 다양하고 서정적이다. 자신

을 중심으로 일어나는 모든 사건이나 사물들에 대하여 섬세한 시각을 고정시키고, 진리적 메신저의 역할, 시인의 임무를 충실히 감당한다. 산과 강, 비와 바람, 꽃과 곤충 등 자연적인 이미지에 자기 정서를 의탁하여 표현하면서도 오묘한 진리와 끈끈하게 연결시켜나가고 있다.

진리적 깨달음으로 연결시키는 기법에 능숙하다는 것은 시는 아름답기만 해서 안 된다는 기능에 대한 인식이 확고하기 때문에 한 편 한 편 진리를 내포한 꽃으로 피어난다.

꽃,
아무리 아름다운들
한철 피었다 지는 허무한 것이라
말하던 그가
며칠 후
관절 꺾인 육신을 태우고
꿈을 묻은 채 시들고 말았다

그가 손가락으로 가리키던 꽃
아직
방긋방긋 웃고 있는데
꽃이 삼켜버린 탓인지
새벽이슬 되었다 하네

-「꽃과 사람」 전문

시인은 꽃을 소재로 쓴 작품들이 많다. 꽃을 소재로 시를 쓰는 이유는 꽃을 심고 가꾸기를 즐기는 까닭인 것 같다. 자신과 가장 가까이 있는 사물에게 시선이 고정되는 것은 자연스러운 현상이다.

위의 시에서 등장하는 시적 화자는 설명되지 않아 누구인지 모른다. 사리원을 즐겨 찾는 고객일 수도 있고, 아니면 주변의 가까운 인척일 수도 있다.

첫째 연에서 등장한 화자는 자신의 운명을 모른 채, 손가락으로 꽃을 가리키며 한철 피었다가 지는 허무한 것이너라고 말했지만 며칠 후 이 세상을 떠나는 죽음을 맞고 말았다.

이 작품에서 시인이 전하고 싶은 의도는 무엇인가. 그것은 꽃이 시들 줄은 알지만, 자신이 그 꽃보다 더 일찍 시들 수 있다는 중요한 사실은 망각하였다는 것이다. 그만큼 하루하루 주어지는 삶에 대한 기회를 소중하게 인식해야 한다는 지적인 것 같다.

2연에서 보면 꽃은 그냥 피어 있어도 그 꽃을 가리키던 사람은 가고 없다. 이 절망적인 상황을 시인은 표현하기를 '꽃이 삼켜버려 새벽이슬이 되었다' 고 묘사하고 있다. 허무한 죽음에 대한 비교나 표현 한번 절묘하다. 어쩌면 이런 상황은 수없이 일어나고 있다. 사랑하는 아내의 생일날, 꽃바구니를 선물한 남편은 꽃은 집에 도착시켜 놓았지만, 자신은 아내의 곁으로 다시 돌아오지 못하고 퇴근길 아스팔트 위에서 피 흘리고 말았다. 피었다가 시드는 모습이 사람이나 꽃이나 같은 과정을 수반하기 때문에 유승배의 목소리는 귓가에서 맴돌며 엄숙한 진리로 자극을 주고 있다.

이상하게도 화자의 시 전체에서 흐르고 있는 톤은 어둡고 무겁다. 여성들이 즐겨 취하는 가벼운 수다나 아름다움의 언어보다는 더 깊이 파고 들어가 근원적인 문제들을 다루고자 하는 시적 재능을 감지하게 된다. 그러면서도 시의 언어는 경박하거나 난삽하지 않아 진리를 함축한 목소리가 카랑카랑하게 들려온다.

금년에도
미역국 끓이는 날이 돌아왔다
천국 가신 내 어머니
그리워 불러보는 날이 돌아왔다
행복나라 불 밝힌 케이크
아슬아슬 흔들리다 꺼지고
화려한 꽃다발
며칠 못 가 시드니
세월부뚜막 위에 솥 걸고
미역국 몇 번이나 끓이려나
살아온 날들과
살아갈 날들
빼고 더하고 헤아려보느라고

새벽 깊도록 잠들지 못했다

-「미역국」 전문

이 작품은 '생일과 미역국'을 주제로 해서 씌어졌지만 함축된 진리는 깊다.

시의 효과를 높이기 위해서 3행에서는 천국 가신 '어머니'를 도입하여 시작하더니 마지막 부분에서는 살아온 날들과 살아갈 날들을 빼고 더하고 헤아리며 잠들지 못했다고 마무리하고 있다.

시적 발상은 자신의 생일이었고, 막힘없이 전개되는 시상의 흐름은 '케이크와 꽃다발'로 채색하고, 결론에 가서는 생일의 기쁨보다는 그 기쁨 뒤에 은폐되어 있는 죽음이나 삶을 생각해야 한다는 고뇌로 끝맺고 있다.

독특한 발상, 매끄러운 전개, 감칠맛 나는 마무리이다. 시의 제목은 '미역국'이었지만 미역국 속에서 끓고 있는 진리는 깊고 무거워서 독자들은 몇 번씩 읽어보고 또 맛을 보면서 깊은 생각에 잠기도록 유도하고 있다.

시를 맛깔스럽게 쓸 줄 아는 기교가 남다르다. 마치 빵을 굽는 기술자가 빵 속에 단팥을 듬뿍 집어넣듯 진리를 함축하여 적당하게 배합하고 구워낸다. 목소리의 고성이 지나치거나 불꽃이 세면 거부감을 유발하거나 타버리겠지만,

전혀 거부감 없도록 부드럽게 이끌어가면서 은근한 깨달음을 던져주고 있는 것이 유승배의 수사적 표현 능력이다.

푹푹 찌는 열기 속
오르내리고 있는 너를 본다
저 듬직한 충성이 없다면
무거운 그릇 들고
이층 계단 수없이 올라야 할 텐데

너를 지켜보며 삶을 배운다
한 번 맺은 인연 이탈하지 않고
녹슬어 멈추는 그날까지는
운명을 함께하는 것이라고

너의 앞에 설 때마다
꼭 안아주고 싶다
말 못하는 너에게
고마움 전하고 싶다

–「덤웨이터」 전문

이 시의 발상은 주방에 설치된 기계이다. 전기스위치를 누르면 음식을 담고 이층으로 오르내리는 기계 앞에서 시인의 직관은 작동되었다.

모든 사물이나 사건이 다 시로 변형될 수 있겠지만, 이미지로 표현하기까지는 쉽지가 않다. 묵묵히 자신의 의무를 다하고 있는 충성스런 기계 앞에서 시인은 '인연과 운명'에 대한 진리를 외친다. 덤웨이터가 녹슬어 멈추는 그날까지 주인을 위해서 헌신하듯, 사람도 그렇게 한 생을 살다가야 한다는 것이다.

쉽게 돌아서서 인연의 끈을 싹둑 잘라버리고 사욕을 좇아 위치 이탈하는 현대인들의 가치관이나 사랑에 대한 경고인지는 모르지만, 말 못하는 기계에서 진리를 배운다고 표현하는 시인은 참으로 예사롭지 않아 보인다. 평자의 시야에는 3연에서의 표현처럼 기계 앞에 서서 쓰다듬으며 고맙다고 표현하는 화자의 모습이 보인다.

「꽃과 사람」, 「미역국」, 「덤웨이터」 등 일별한 시에는 각각 다른 진리가 함축되어 있다. 단순하고 평범한 주제들이지만 그 속에서 들려오는 메시지는 우렁차고 시적 울림 또한 독자들의 가슴을 파고들어 병든 의식을 수술하기에 충분하다.

4. 꽃의 향기

길을 걷다가 꽃의 군락을 발견하게 되면 보편적으로 두 가지 행동을 취하게 된다.

첫째는 꽃에게로 성큼성큼 다가서는 것이고, 두 번째는 머리 숙여 코를 들이대고 향기에 취하는 것이다. 심지어는 동일한 품종의 국화 앞에서도 이 꽃 저 꽃, 향기를 두루 맡아보는 사람들도 있다.

꽃에서는 반드시 향기가 나야 하듯이 시의 꽃에도 향기가 진동해야 한다. 그리고 그 향기가 갖는 자극은 작품마다 달라야 할 것이다.

유승배의 시에서는 향기가 진동한다. 성찰의 향기, 관조의 향기, 인생 깨달음의 향기, 그리고 중년 여성 특유의 에로티시즘까지 가미되거나 혼합되어 발산된다. 그래서 독자들은 그냥 지나치지 못하고, 시인의 팬으로 다가온다.

자신의 시를 애송해주는 팬이 없는 시인은 슬프고 절망적이다. 그러나 간절히 원한다고 해도 팬은 저절로 생겨나는 것이 아니다. 시에서 향기가 진동하고 최소한의 언어로 최대한의 의미를 구축할 수 있는 능력을 지닌 시인에게만 벌 떼처럼 모여들 수밖에 없는 것이다.

21세기 디지털시대, 인터넷에 올라 있는 수많은 작품들이 그렇다. 눈길을 끄는 제목이 있어서 접근한 작품이라도, 향기가 나지 않으면 독자들은 덮어버리고 지나간다. 그것도 그냥 지나가는 것이 아니다. '무슨 시를 저 따위로 써 놓았을까.' '저런 사람이 어떻게 시인이 되었을까.' 빈정거림을 쏟아 붓는다. 자신의 감정이나 비참한 현실을 일방적으로 배설만 해놓았다고, 장황하게 늘어뜨려 연과 행을 구분시켜 놓았다고 해서 시가 되는 것은 아니다.

시인과 독자 모두가 공감할 수 있는 향기(진리적인 함축)가 진동해야 한다. 시에서 향기만 난다면 독자들은 자신의 홈페이지나 블로그로 이동시켜 놓고, 그 시에 푹 빠져서 생활하게 될 것이다.

행복의 국물 부은
냉면 한 그릇
기쁨으로 건지는 여자도
아름답고

고독의 국물 부은
냉면 한 그릇
슬픔으로 건지는 여자도
아름답다

사랑하는 이 함께 면발을 건지든
홀로 외롭게 면발을 건지든
여자는
여자이기 때문에
아름답다

–「여자는 아름답다」 전문

이 시를 읽으면서 평자는 화자의 시적 발상 능력이 탁월하다는 것을 말하지 않을 수 없다.

냉면집을 운영하다보면 이른 아침부터 저녁 시간까지 출입하는 여자 손님들은 두 종류로 압축된다. 1연에서 표현하고 있는 행복의 국물 부어 기쁨의 면발 건지는 여자와 2연에서 표현하고 있는 고독의 국물 부어 슬픔으로 면발 건지는 여자이다. 이렇게 구분하여 묶어버리면 여기에 포함되지 않는 손님은 아무도 없다.

이 시의 창작 동기는 카운터에 앉아 홀로 면발을 건지는 고독한 여자에게서 연민을 느꼈기 때문이다. 그러나 3연의 내용은 모두에게 위로를 준다. 행복하든, 고독하든, 추녀이든, 미녀이든, 남편에게 사랑을 받고 살든, 그렇지 않든, 여자는 여자이기 때문에 아름답다는 단정이다.

어떠한가? 시인의 던져주는 표현의 미학, 위로가 향기롭지 않은가. 이 작품에서는 위로의 향기와 여성 정체성에 대한 자부심의 향기가 진동하고 있다.

유승배의 시에서는 때로는 격렬하고, 때로는 잔잔하고, 때로는 질타하고, 때로는 위로하는 향기가 진동하고 있다. 시인이 개성 있게 전하고자 하는 관념이나 메시지가 간결하고 선명하여서 그런지 일상적인 수다에서 탈피하지 못하고 있는 대다수 여성 시인들의 단점을 충분히 극복하고 있다.

5. 결론

시의 기능에서 중요한 것은 독자들과의 '소통'이다. 유승배의 작품들은 '가슴에서 피어난 꽃'이고, 그 꽃들은 빛깔을 달리한 까닭에 다가선 독자들과 향기로 소통하기에 전혀 무리가 없다.

그리고 명작의 조건이 되는 보편성에도 문제가 없다. 시를 읽는 독자들의 지적 수준이 어떠하든지 간에 화자의 시가 사랑 받을 수 있는 조건들을 갖추고 있는 것은 난해하지 않기 때문이고, 작품에서 하나 혹은 둘 정도의 메시지(진리)가 살아서 움직이고 있기 때문이다.

그보다
더 중요한 건
언제부터인가
한 편 시를 쓰지 않고는
꿈길로 갈 수 없었기 때문이다

-「내가 시를 쓰는 이유」 부분

위의 시에서 고백하고 있듯이 시를 쓰지 않고는 견딜 수 없는 상태가 되었다. 그 가슴속에 심어진 수많은 꽃봉오리들이 만개의 때를 기다리고 있는 것 같다.

시적 긴장을 통해 가슴에서 피어난 꽃들이 세상 밖으로 모습을 드러낼 때, 독자들은 독특한 꽃향기에 취하는 행복에 빠질 것 같다.

한 사람, 꽃을 피우는 시인에 의해서 수천수만의 사람들이 행복에 젖는다. 이것이 문학의 힘이고, 세상을 밝히는 시인이 존재해야 할 분명한 이유가 될 것이다.

가슴속에서 생생한 꽃으로 핀 유승배의 시, 삶에 대한 시적 사유를 함축한 채 진리의 향기를 진동시키며 피곤에 지쳐 있는 독자들을 끌어당기고 있다.

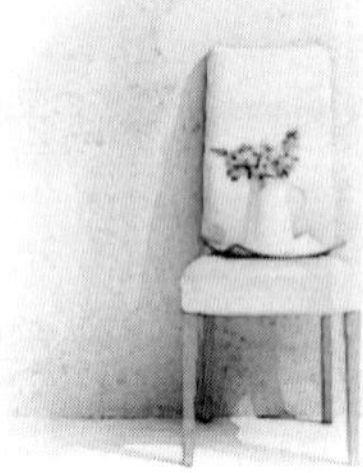

사랑 없이는
기쁨도 없고
꽃의 아름다움
그 의미도 없다

믿음, 소망, 사랑
그중에 제일은 사랑이다
훨훨 사랑에 빠진 나비
꽃을 찾아 하늘을 난다